Emilie Mawuco Valentin

Lebe, was du träumst

Vision der Befreiung
aus dem Gefängnis der Gewohnheit

www.viba-vision.de

www.tredition.de

© 2016 Emilie Mawuco Valentin
Lektorat, Korrektorat: Dr. Matthias Feldbaum

Verlag: tredition GmbH, Hamburg

ISBN
Paperback: 978-3-7345-6305-8
Hardcover: 978-3-7345-6306-5
E-Book: 978-3-7345-6307-2

Printed in Germany

Bibliografische Information der Deutschen Nationalbibliothek:
Die Deutsche Nationalbibliothek verzeichnet diese Publikation in der Deutschen Nationalbibliografie; detaillierte bibliografische Daten sind im Internet über http://dnb.d-nb.de abrufbar.

Was ist denn VIBA®?

Vitalbalance – kurz VIBA® – ist eine von mir entwickelte ganzheitliche Vision der aktiven Lebensführung. Dabei liegt der Fokus auf der Art und Weise, wie ich mich fühle. Weil unsere Gefühle Frequenzen sind, schaffen wir damit unsere Realität. Deshalb ist es wichtig, zu erkennen, wie man fühlt. So wie ich fühle, so denke ich, so handele ich.

Die Schlüsselfrage von VIBA® ist:
Habe ich in meiner jetzigen Situation den bestmöglichen Zustand für die Entfaltung meiner Existenz gewählt?

VIBA® sorgt dafür, dass Vitalität und Balance die wichtigsten Bereiche unseres Lebens – das heißt Gesundheit, Familie, soziale Beziehungen und Beruf bzw. Berufung – bestimmen.

Mit VIBA® besteht die Möglichkeit, endlich genug Lebensenergie zur Verfügung zu haben, um alles zu erreichen, was man will. Daher das Motto: „Lebe, was Du träumst."

Schritt für Schritt findest Du in diesem Büchlein alles, was Du brauchst, um VIBA® am effektivsten zu nutzen.

Wozu schreibe ich dieses Buch?

Bücher begeistern mich sehr, seit meiner Kindheit, besonders alles, was mit Heilung, Glück und Wohlbefinden des Menschen zu tun hat.

Seit etwa 10 Jahren arbeite ich als Coach mit meiner Metakinästhetik-Methode VIBA®. Das Büchlein ist auf Anregung meiner Klienten entstanden.

Meine Hauptfragen an das Leben sind:

Gibt es eine Möglichkeit auf Knopfdruck das Leben zu leben, was ich mir wünsche?

Und wie komme ich spielerisch, mit Leichtigkeit, mit wenig Zeitaufwand und mit viel Spaß – wie ein Kind – dazu?

Ich kam für mich zu dem Ergebnis, dass meine Gefühle und Wahrnehmungen die Schlüssel für mein Leben sind. Nun dachte ich, wenn das so ist, dann lohnt es sich, 100 % Verantwortung für meine Gefühle zu übernehmen; und somit 100 % Verantwortung für mein Leben. Sofort aufhören Opfer zu spielen, also nichts mehr dem Zufall überlassen.

Schön und gut, aber wie verändere ich Gefühle oder Gedanken aus unangenehmen Erfahrungen? Wie unterbreche ich meine alten Gewohnheiten?

Ich bin zu dem Schluss gekommen, dass es nur möglich ist, wenn ich Herz, Kopf und Hand verbinde. Das bedeutet für mich Freude, Freiheit und Größe. Es bedeutet, dass ich Mitschöpferin bin und mitentscheiden darf, also Meisterin, statt Sklavin zu sein.

Und als Meisterin oder Meister wählt man „einfach" das Beste von sich, was man der Welt schenken möchte. Das Geschenk an die Welt, was mich glücklich macht und mich bereichert.

Nun stelle ich als berufstätige Ehefrau und Mutter von zwei Kindern fest, dass es oft schwierig erscheint, wenn ich mir die Frage nach dem „Wie soll ich das realisieren?" stelle, dann entsteht oft Spannung, ein mulmiges Gefühl, Angst, Stress.

Dieser Stress hat mich beschäftigt, und schließlich ist mir klar geworden, dass ich nicht wissen kann, was ich nicht weiß, dass ich an dieser Stelle ratlos bin. Und trotzdem entscheide ich mich dazu, mit dem, was ich vorhabe, weiterzumachen. Und – das ist das Wichtige – wenn meine Entscheidung richtig ist, kommt das Leben mir zu Hilfe!

Es gilt darum, direkt im Augenblick dort zu sein, wo ich bin, und genau da zu wirken.

Obwohl ich manchmal selbst nicht weiß, was das Beste für mich ist, darf ich mich trotzdem für das entscheiden, was ich in dem Moment für das

Bestmögliche halte. Auf dem Weg dorthin zeigt mir das Leben, ob es wirklich das Beste für mich ist.

In einem solchen Augenblick eine Entscheidung zu treffen, ist auf jeden Fall immer richtig. Ich habe mich damit für einen Weg entschlossen, bei dem ich meine Lernbereitschaft und meine Veränderungsbereitschaft ständig überprüfe.

Ich lasse die Frage, wie etwas sein sollte, aus meinem Leben weg und entscheide mich für das für mich im Augenblick Bestmögliche.

Dieser Vorgang, mich nicht mehr um das „Wie" kümmern zu müssen, weil ich mich ganz sicher darauf verlassen kann, dass das Leben mir den richtigen Weg zeigt, wenn ich einmal eine Entscheidung getroffen habe, schafft für mich Befreiung und Lebensfreude. Das nenne ich **Vitalbalance**.

Das Wissen über diese Zusammenhänge verlangt von mir darauf zu achten, dass ich mich trotz verschiedener unangenehmer Erfahrungen und Ereignisse immer für die Rolle als Mitschöpferin meines Lebens entscheide und dementsprechend handele.

Und da die universale Lebensenergie ständig auf mein Gemüt reagiert, entscheide ich mich dazu, nichts zu verdrängen und gleichzeitig aus nichts ein Drama zu machen. Ich erkenne die Dinge, wie sie sind, verleugne sie nicht (oder vielleicht nicht mehr) und entscheide mich bewusst für neue Erfahrungen, damit ich das Alte nicht wiederhole (denn Gleiches zieht Gleiches an) und damit es schließlich durch die neuen Erfahrungen überschrieben werden kann.

Ich präge mir ein: Ich wähle in dem entsprechenden Moment das, was für mich das Bestmögliche zu sein scheint, auch wenn ich noch nicht weiß, wie ich es realisiere.

Nach meiner Erkenntnis gibt es weder negative Gefühle noch positive. Sie sind einfach nur für uns selbst angenehm oder unangenehm. Es ist so, dass alle Gefühle nur Wegweiser sind.

Sei zu Dir so ehrlich wie möglich!

Dein Gefühl ist Dein Motor.

Es verrät Dir, ob Du positive oder negative Gedanken pflegst.

Es entscheidet, wie es kommt.

**Ob du glaubst, du kannst etwas,
oder ob du glaubst, du kannst es nicht,
du wirst auf jeden Fall recht behalten.**

Henry Ford

Gedankenanstöße für neue Erfahrungen

Beachte:

In diesem Buch geht es einfach um Folgendes: Egal, was dich bewegt, das Wichtigste ist es, auf deine Gefühlswelt oder dein Gemüt zu achten.

Entscheide dich für den bestmöglichen Zustand des Seins, für das, was deiner persönlichen Entfaltung dient, ohne alle anderen unangenehmen Gefühlszustände zu verleugnen oder zu verdrängen.

Beispiele für tägliche Erfahrungsmöglichkeiten:

Ich entscheide mich heute die Erfahrung zu machen

- geschätzt zu werden

- frei zu reden

- zu sagen, was ich wirklich fühle

- eine gute Beziehung zu meiner Familie zu haben

- meinen Kollegen frei zu begegnen

- urteilsfrei durch den Tag zu gehen

- konzentriert den Tag zu erleben

- meinen Tagesablauf langsamer anzugehen

- mir selbst zuzuhören

- andere ausreden zu lassen

- das ständige Vergleichen von Menschen abzustellen

- das Abwerten von anderen wegzulassen

- mich ganz und gar einfach zu fühlen

- mich selbst auszuhalten ohne Wertung

- andere auszuhalten ohne Wertung

- meine Gedanken zu Ende zu denken

- meine Gedanken bewusst zu fühlen

- meine Gefühle bewusst zu fühlen

- die Geräusche der Natur bewusst wahrzunehmen

- den Baum vor meiner Tür bewusst zu betrachten

- meiner Nachbarin, die ich nicht mag, liebevoll zu begegnen

- meine Unwissenheit zuzulassen

- bewusst die Fragen des Lebens anzugehen

- verstehen zu lernen

- neue Erfahrungen zu machen

- Freiheit zu verspüren

- andere zu verstehen

- mich selbst zu lieben

- mir zu vertrauen

- anderen zu vertrauen

- den Tag mit Lächeln zu beginnen

- den Tag mit Dankbarkeit zu beginnen und zu beenden

- mich besser zu bewegen

- mich besser zu ernähren

- meiner Arroganz zu begegnen

- meinem ständigen Meckern selbst zuzuhören

- meinen Blick auf Reichtum zu lenken

- meine innere Armut zu heilen

- zu reden, wenn ich gefragt werde und es sich notwendig anfühlt

- Freude auszustrahlen

- mich gelassen zu fühlen

- mich selbst zu beobachten statt andere zu beobachten

- mein Leben zu leben, statt das von anderen zu verändern

- genau sehen zu lernen, was sich zeigt

- genau zuzuhören, was gesagt wird

- bewusst meine Umgebung anzutasten

- meine Zeit als Luxus zu betrachten

- meine Zeit als Reichtum zu sehen

- mich selbst zu trösten

- anderen den Raum zu geben, sich selbst auszuhalten

- gut zu schlafen

- geholfen zu bekommen

- mein Leben zu schmecken

- meinen Kopf zu befreien

- mein Herz zu befreien

- mein Tun zu würdigen

- „Nein" zu sagen, wenn ich es so fühle

- Mut zu erfahren trotz Angst

- andere zu loben

etc., die Liste kann noch beliebig erweitert werden.

Dies sind nur Beispiele, um dir eine Idee zu geben, wie du täglich deinen Tag lenken kannst, damit deine Lebensenergie eine gezielte Richtung nimmt, wie du es dir vorstellst.

Wahrscheinlich machst du das alles schon, nur vielleicht nicht bewusst und nicht selektiert und gebündelt.

Mache dir bewusst: Was brauche ich?

Vielleicht fehlt es dir an Zuwendung, an Geborgenheit oder an Anerkennung.

Vielleicht leidest du daran, nicht gewürdigt zu werden.

Vielleicht denkst du zuviel, weil du dich nicht entspannen kannst.

Egal, welche Sehnsüchte es auch sind, gestehe dir zu, sie zu fühlen, damit sie in Heilung gehen können. Dann kann etwas Neues entstehen.

Praktische Vorgehensweise

Erster Schritt:

Schaue dir die verschiedenen Anwendungsbereiche der VIBA® an und suche dir einen oder zwei heraus, in dem du gewiss etwas verändern möchtest oder etwas anderes erleben möchtest, als das, was du bis jetzt gekannt hast.

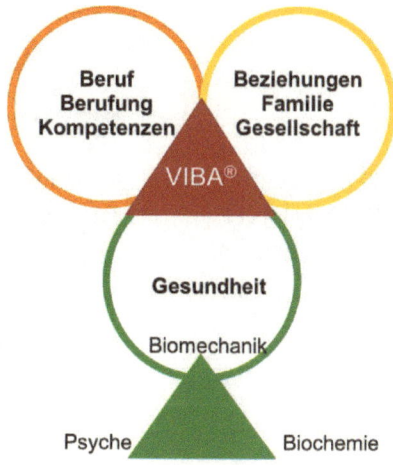

Finde die Sonne in der Nacht und gehe vor, wie ich es dir vorschlage.

Empfinde nach, ob dieses einfache Vorgehen dir entspricht, wenn ja, dann viel Spaß!*

Setze dir eine Zeitfrist von 100 Tagen, um etwas Neues zu erleben.

Auf die Plätze, fertig und los!

---

* Wenn nein, dann lege das Buch zur Seite, es ist in diesem Augenblick noch nicht das Richtige für dich.

(1)	ZIEL	→	Orientierung

(2)	ZIEL DEINES ZIELES	→	Fokus auf das Ergebnis

(3) BEWUSSTE WAHRNEHMUNG DEINER EMPFINDUNGEN OHNE URTEIL → als Navigationssystem für die Orientierung

(4) BEWUSSTE ENTSCHEIDUNG FÜR NEUE EMPFINDUNG → Klare Absicht, von dem Alten loszulassen um Neues zu zu erleben.
Ohne neue Gedanken,
ohne neues Gefühl,
ohne neues Gespür
gibt es nichts Neues, also
würdest Du das Alte pflegen.

(5) NEU AUSGEWÄHLTE EMPFINDUNG PFLEGEN → Hier ist deine Lernbereitschaft und deine Veränderungsbereit- schaft gefragt:
Was bist du bereit zu tun, um dein Vorhaben zu erreichen?

Schau dich um, was du vielleicht noch wissen musst, um weiter zu kommen, und gehe liebevoll mit dir selbst um.

1. Du legst am Anfang des Monats dein Ziel fest.

2. Du weißt genau, was du dir darunter versprichst. Hauptziel ist, dich wohlzufühlen – jetzt! Und dich weiter besser und besser zu fühlen.

3. Nun ist deine Aufgabe, darauf zu achten, was du fühlst bzw. empfindest, und deine Empfindungen, ob angenehm oder ob unangenehm, festzuhalten. So hast du einen klaren Überblick über deine emotionale Welt. deine Gefühle und Empfindungen aller Art geben dir Auskunft über deine Gedanken, die deine Handlungen und sogar die Geschwindigkeit, mit der du mit deinem Ziel weiterkommst, bestimmen.

So kannst du schauen, ob die Strategie, die du gewählt hast, deiner Persönlichkeit entspricht.

So bist du verpflichtet, dir selbst zu liebe Dinge zu tun, die deine Freude und Begeisterungsfähigkeit steigern.

Am Ende dieses Heftes findest du viele verschiedene Möglichkeiten aufgelistet, die dir helfen, es leicht zu haben. Schau nach, was zu dir passt.

Schritt für Schritt Gebrauchsanweisung

1. Ich setze mir ein klares Ziel.

Das Ziel muss klar, fühlbar, vorstellbar sein.

Merke: Du kannst nur das erreichen, was du dir vorstellen kannst und was

du fühlen kannst. Die Geschwindigkeit liegt in deiner Fähigkeit zu

fokussieren.

2. Ich mache mir das Ziel meines Zieles klar:

Das heißt, was möchte ich empfinden, welche Sehnsucht verbinde ich mit

meinem Vorhaben?

Zum Beispiel: Freude, Dankbarkeit, Freiheit, mehr Zeit für andere, schönere Erlebnisse, mehr Zeit für mich.

Wie schon erwähnt geht es darum, dich komplett auf dein gewähltes Ziel des Ziels zu fokussieren, ganz egal wie die Bedingungen in der Außenwelt gerade sind.

Dein Zustand zählt also, damit ist gemeint, wie du dich fühlst auf dem Weg.

3. Was tue ich, um mein Ziel zu erreichen?

Ich kann mir bewusst einen **Anker** setzen, das heißt, eine Affirmation in Kombination mit einem Symbol/einem Gegenstand (zum Beispiel ein

Stein)/einer Handbewegung (zum Beispiel sich ans Ohr fassen), und wiederhole das so oft, bis es sich automatisiert hat, sodass schließlich alleine meine Absicht reicht, um meine Wahrnehmungen umzupolen, falls ich mal in die andere Richtung ginge, d. h. entgegen meinem Ziel.

Du kannst dir zum Beispiel dieses Bild einprägen und es immer wieder in jeder Situation hervorrufen.

Hier geht es darum weiterzukommen ohne irgendetwas aus deinem Leben zu verleugnen oder zu verdrängen.

Alle Widerstände, die mit deinem Ziel noch verbunden sind, wirst du bewusst wahrnehmen, ohne sie zu bekämpfen.

Trotz aller deiner Bedenken und Ängste, habe Mut, die Ereignisse zu sehen, sie wahrzunehmen, wie sie sich zeigen und nicht, wie du sie gern hättest.

Und befreie dich gleichzeitig, indem du dich neu positionierst.

Es ist eine aktive Entscheidung **für** etwa zu sein, ohne etwas anderes dafür zu bekämpfen. Vertraue darauf, dass das Leben das Beste für dich wählt.

Dein Fokus liegt auf der Wahl des Bestmöglichen, was du mit deinen fünf Sinnen vielleicht nicht immer gleich wahrnehmen und erfassen kannst.

„Es" (die universale Energie/Gott/die unbenennbare Kraft, die uns im Leben führt) entlädt in mir jegliche Information und Energie, die mich daran hindert, mich zu entfalten und meine Träume zu leben.

Es wählt in mir die bestmöglichen Wahrnehmungen und Gefühle für mein Ziel.

Es wählt in mir die bestmöglichen Entscheidungen für mein Ziel.

Es wählt in mir die bestmöglichen Handlungen, Ereignisse und Ergebnisse für mein Ziel, ohne, dass ich mir über das Wie bewusst sein muss (das heißt, ich verlasse mich auf die universale Kraft, ich lasse „es" in mir wählen).

Beispiel 1: *Chronische Kopfschmerzen*

Ziel: Schmerzfreiheit oder Schmerzlinderung

Identifiziere in deinem physischen Körper, wo du den Schmerz wahrnimmst.

Erlaube dem Schmerz, sich ganz zu zeigen, das heißt, bleibe bei dir und fühle alles, was sich zeigt, ob du es verstehst oder nicht.

Nun, wenn du die gegenwärtigen Gefühle wahrgenommen hast, verleugne sie nicht, verdränge sie nicht, verurteile sie nicht. Jetzt entscheide dich bewusst für die neue Erfahrung, die Schmerzfreiheit oder Schmerzlinderung heißt.

Nun fühle für dich, was du brauchst, um dorthin zu kommen.

Achte auf deine Gefühle, damit meine ich deine innere Zwiesprache, und du wirst erkennen, was dir fehlt und was du tun kannst.

In erster Linie geht es darum, deinen Fokus zu setzen auf alles, was du tun kannst, um deine Lebensfreude zu erhöhen.

Du kannst dir einen Anker für dieses Ziel bilden als Stütze, um deinen Fokus auf einen gesunden Kopf zu lenken.

Beispiel 2: *Hauskauf*

Ziel: Ich kaufe mir ein Haus, obwohl ich nicht genug Geld habe.

Ist das Ziel fühlbar klar vorstellbar für dich? Wenn ja:

Identifiziere die Gefühle, die mit dem Kaufen des Hauses verbunden sind (Ziel des Zieles).

Solltest du Zweifel haben (Wie mache ich das? Ich habe ja kein Geld.), dann nimm dir Zeit, um deine Widerstände zu fühlen, und frage dich: Was brauche ich, um meine vom Verstand gelenkten inneren Widerstände (Zweifel) zu lösen? Befrage wirklich dein Herz. Es hat die Antwort.

Das Ziel ist mit einer Sehnsucht verbunden. Sehnsüchte sind Gefühle, und Gefühle sind Frequenzen, die die Materie um dich herum beeinflussen. Ideen werden kommen, Möglichkeiten werden sich ergeben, an die du nie vorher gedacht hast.

Da du nur das erreichen kannst, was du dir vorstellen und was du fühlen kannst, ist es ratsam, das Ziel in kleine Schritte zu teilen. Du kannst nur Freude und Begeisterung empfinden für das, was du für möglich hältst. Wenn du dein Ziel zerstückelst, hast du Freude auf dem Weg – und kannst peu à peu deine Grenzen verschieben. So kommst du sicher auf eine Idee, die dir helfen kann. Nun ist es wichtig, mit deinem Herzen (Gefühl) wahrzunehmen, was das Leben dir bringt, um weiter zu kommen. Sei wachsam für neue Möglichkeiten.

Beispiel 3: *Partnerfindung*

Ziel: Ich will einen Partner finden.

Ich mache mir klar, welche Sehnsüchte ich mit einer Partnerschaft verbinde. Zum Beispiel Geborgenheit, Sicherheit, verdoppeltes Glück … (Ziel des Zieles).

Diese Sehnsüchte: Wo spüre ich sie in mir? Kann ich sie überhaupt fühlen? Wenn ich zum Beispiel feststelle: Geborgenheit – das kann ich nicht fühlen (weil ich diesbezüglich nur negative Erfahrungen gemacht habe), frage ich mich: Was brauche ich, damit dieses Gefühl Heilung erfährt? Vielleicht will es nur anerkannt werden. Und dann ist es wichtig, dass ich mir Zeit gebe, mir selber Geborgenheit zu geben und mit mir so umzugehen, wie ich es selbst von einem Partner wünsche. Und ich werde Dinge tun, die dieses Gefühl der Geborgenheit steigern.

MUSTER

> Gib jedem Tag die Chance,
> der schönste Deines Lebens zu werden!
>
> *Mark Twain*

Lebensenergiehaushalt

JANUAR

Am Monatsanfang

Ziele des Monats:
Ich suche mir einen Partner.

Ich verspreche mir davon:
Geborgenheit, Austausch, Nähe, verdoppeltes Glück …

Vitalitäts- und Balance-Tagebuch   MUSTER

	Montag	Dienstag	Mittwoch	Donnerstag	Freitag	Samstag	Sonntag	Notizen über meine Erlebnisse u. Gefühlswelt	Bereiche
Gesundheit	☺ ☺	☺ ☺	☺☺ ☺	☺ ☺☺	☺ ☺	☺ ☺☺	☺☺ ☺	*Was habe ich getan, um mich gut und immer besser und besser zu fühlen (unabhängig von meinem konkreten Ziel)? ...*	**Biochemie** • Ernährung **Biomechanik** • Bewegung • Sportarten • Tanz • Berührung • Entspannung
Familie und soziale Beziehungen	☺☺ ☺☺ ☺	☺☺ ☺☺ ☺	☺☺ ☺☺ ☺	☺☺ ☺☺ ☺	☺☺ ☺☺ ☺	☺☺☺☺	☺☺☺☺	*Was habe ich getan, um meine Gefühle der Geborgenheit und der Sicherheit zu steigern? Und was hat das bewirkt? ...*	**Ausdruck** **Kommunikation** **Verhalten** **Authentizität**
Beruf, Berufung, Finanzen									**Einnahmen / Ausgaben** • Lebensgrundlage • Freizeit und Vergnügung • Kultur • Kreativität • Überraschungen aller Art

++ sehr angenehmes Gefühl ☺☺ / + angenehmes Gefühl ☺ / 0 neutral ☺ / - unangenehmes Gefühl ☺ / -- sehr unangenehmes Gefühl ☺☺

MUSTER

Am Monatsende

Deine Wochenbalance			

	+	–	neutral
Woche 1	31	13	5
Woche 2	33	12	4
Woche 3	29	11	6
Woche 4	35	10	3
Woche 5	25 (3 Tage)	2 (3 Tage)	1 (3 Tage)
Emotionsbilanz in diesem Monat	153	48	19

Gespür

Gefühle

Gedanken

Hast Du Dein Monatsziel erreicht?   ☐ ja   ☐ nein   ☐ fast

Hast Du Dein Versprechen gehalten?   ☐ ja   ☐ nein   ☐ fast

> Wenn Du etwas wagst, wächst Dein Mut.
> Wenn Du zögerst, wächst Deine Angst.
>
> *Mahatma Ghandi*

Lebensenergiehaushalt

JANUAR

Am Monatsanfang

Ziele des Monats:

Ich verspreche mir davon:

Vitalitäts- und Balance-Tagebuch

	Montag	Dienstag	Mittwoch	Donnerstag	Freitag	Samstag	Sonntag	Notizen über meine Erlebnisse u. Gefühlswelt	Bereiche
Gesundheit									**Biochemie** • Ernährung **Biomechanik** • Bewegung • Sportarten • Tanz • Berührung • Entspannung
Familie und soziale Beziehungen									**Ausdruck** **Kommunikation** **Verhalten** **Authentizität**
Beruf, Berufung, Finanzen									**Einnahmen / Ausgaben** • Lebensgrundlage • Freizeit und Vergnügung • Kultur • Kreativität • Überraschungen aller Art

++ sehr angenehmes Gefühl ☺☺ / + angenehmes Gefühl ☺ / 0 neutral ☺ / - unangenehmes Gefühl ☹ / -- sehr unangenehmes Gefühl ☹☹

Vitalitäts- und Balance-Tagebuch

	Montag	Dienstag	Mittwoch	Donnerstag	Freitag	Samstag	Sonntag	Notizen über meine Erlebnisse u. Gefühlswelt	Bereiche
Gesundheit									**Biochemie** • Ernährung **Biomechanik** • Bewegung • Sportarten • Tanz • Berührung • Entspannung
Familie und soziale Beziehungen									**Ausdruck** **Kommunikation** **Verhalten** **Authentizität**
Beruf, Berufung, Finanzen									**Einnahmen / Ausgaben** • Lebensgrundlage • Freizeit und Vergnügung • Kultur • Kreativität • Überraschungen aller Art

++ sehr angenehmes Gefühl ☺☺ / + angenehmes Gefühl ☺ / 0 neutral ⊕ / - unangenehmes Gefühl ☹ / -- sehr unangenehmes Gefühl ☹☹

Vitalitäts- und Balance-Tagebuch

	Montag	Dienstag	Mittwoch	Donnerstag	Freitag	Samstag	Sonntag	Notizen über meine Erlebnisse u. Gefühlswelt	Bereiche
Gesundheit									**Biochemie** • Ernährung **Biomechanik** • Bewegung • Sportarten • Tanz • Berührung • Entspannung
Familie und soziale Beziehungen									**Ausdruck** **Kommunikation** **Verhalten** **Authentizität**
Beruf, Berufung, Finanzen									**Einnahmen / Ausgaben** • Lebensgrundlage • Freizeit und Vergnügung • Kultur • Kreativität • Überraschungen aller Art

++ sehr angenehmes Gefühl ☺☺ / + angenehmes Gefühl ☺ / 0 neutral ☻ / - unangenehmes Gefühl ☹ / -- sehr unangenehmes Gefühl ☹☹

Vitalitäts- und Balance-Tagebuch

	Montag	Dienstag	Mittwoch	Donnerstag	Freitag	Samstag	Sonntag	Notizen über meine Erlebnisse u. Gefühlswelt	Bereiche
Gesundheit									**Biochemie** • Ernährung **Biomechanik** • Bewegung • Sportarten • Tanz • Berührung • Entspannung
Familie und soziale Beziehungen									**Ausdruck Kommunikation Verhalten Authentizität**
Beruf, Berufung, Finanzen									**Einnahmen / Ausgaben** • Lebensgrundlage • Freizeit und Vergnügung • Kultur • Kreativität • Überraschungen aller Art

++ sehr angenehmes Gefühl ☺☺ / + angenehmes Gefühl ☺ / 0 neutral ☺ / - unangenehmes Gefühl ☹ / -- sehr unangenehmes Gefühl ☹☹

Vitalitäts- und Balance-Tagebuch

	Montag	Dienstag	Mittwoch	Donnerstag	Freitag	Samstag	Sonntag	Notizen über meine Erlebnisse u. Gefühlswelt	Bereiche
Gesundheit									**Biochemie** • Ernährung **Biomechanik** • Bewegung • Sportarten • Tanz • Berührung • Entspannung
Familie und soziale Beziehungen									**Ausdruck** **Kommunikation** **Verhalten** **Authentizität**
Beruf, Berufung, Finanzen									**Einnahmen / Ausgaben** • Lebensgrundlage • Freizeit und Vergnügung • Kultur • Kreativität • Überraschungen aller Art

++ sehr angenehmes Gefühl ☺☺ / + angenehmes Gefühl ☺ / 0 neutral ☻ / - unangenehmes Gefühl ☹ / -- sehr unangenehmes Gefühl ☹☹

Am Monatsende

	+	–	neutral
Deine Wochenbalance			
Woche 1			
Woche 2			
Woche 3			
Woche 4			
Woche 5			
Emotionsbilanz in diesem Monat			

Gespür

Gefühle

Gedanken

Hast Du Dein Monatsziel erreicht? ☐ ja ☐ nein ☐ fast

Hast Du Dein Versprechen gehalten? ☐ ja ☐ nein ☐ fast

> *Probleme kann man niemals mit der gleichen Denkweise lösen, durch die sie entstanden sind.*
>
> Albert Einstein

Lebensenergiehaushalt

FEBRUAR

Am Monatsanfang

Ziele des Monats:

Ich verspreche mir davon:

Vitalitäts- und Balance-Tagebuch

	Montag	Dienstag	Mittwoch	Donnerstag	Freitag	Samstag	Sonntag	Notizen über meine Erlebnisse u. Gefühlswelt	Bereiche
Gesundheit									**Biochemie** • Ernährung **Biomechanik** • Bewegung • Sportarten • Tanz • Berührung • Entspannung
Familie und soziale Beziehungen									**Ausdruck Kommunikation Verhalten Authentizität**
Beruf, Berufung, Finanzen									**Einnahmen / Ausgaben** • Lebensgrundlage • Freizeit und Vergnügung • Kultur • Kreativität • Überraschungen aller Art

++ sehr angenehmes Gefühl ☺☺ / + angenehmes Gefühl ☺ / 0 neutral ☺ / – unangenehmes Gefühl ☹ / – – sehr unangenehmes Gefühl ☹☹

Vitalitäts- und Balance-Tagebuch

	Montag	Dienstag	Mittwoch	Donnerstag	Freitag	Samstag	Sonntag	Notizen über meine Erlebnisse u. Gefühlswelt	Bereiche
Gesundheit									**Biochemie** • Ernährung **Biomechanik** • Bewegung • Sportarten • Tanz • Berührung • Entspannung
Familie und soziale Beziehungen									**Ausdruck** **Kommunikation** **Verhalten** **Authentizität**
Beruf, Berufung, Finanzen									**Einnahmen / Ausgaben** • Lebensgrundlage • Freizeit und Vergnügung • Kultur • Kreativität • Überraschungen aller Art

++ sehr angenehmes Gefühl ☺☺ / + angenehmes Gefühl ☺ / 0 neutral ☺ / - unangenehmes Gefühl ☹ / -- sehr unangenehmes Gefühl ☹☹

Vitalitäts- und Balance-Tagebuch

	Montag	Dienstag	Mittwoch	Donnerstag	Freitag	Samstag	Sonntag	Notizen über meine Erlebnisse u. Gefühlswelt	Bereiche
Gesundheit									**Biochemie** • Ernährung **Biomechanik** • Bewegung • Sportarten • Tanz • Berührung • Entspannung
Familie und soziale Beziehungen									Ausdruck Kommunikation Verhalten Authentizität
Beruf, Berufung, Finanzen									**Einnahmen / Ausgaben** • Lebensgrundlage • Freizeit und Vergnügung • Kultur • Kreativität • Überraschungen aller Art

++ sehr angenehmes Gefühl ☺☺ / + angenehmes Gefühl ☺ / 0 neutral ☺ / - unangenehmes Gefühl ☹ / -- sehr unangenehmes Gefühl ☹☹

37

Vitalitäts- und Balance-Tagebuch

	Montag	Dienstag	Mittwoch	Donnerstag	Freitag	Samstag	Sonntag	Notizen über meine Erlebnisse u. Gefühlswelt	Bereiche
Gesundheit									**Biochemie** • Ernährung **Biomechanik** • Bewegung • Sportarten • Tanz • Berührung • Entspannung
Familie und soziale Beziehungen									**Ausdruck** **Kommunikation** **Verhalten** **Authentizität**
Beruf, Berufung, Finanzen									**Einnahmen / Ausgaben** • Lebensgrundlage • Freizeit und Vergnügung • Kultur • Kreativität • Überraschungen aller Art

++ sehr angenehmes Gefühl 😊😊 / + angenehmes Gefühl 😊 / 0 neutral 😐 / - unangenehmes Gefühl 😟 / -- sehr unangenehmes Gefühl 😟😟

Vitalitäts- und Balance-Tagebuch

	Montag	Dienstag	Mittwoch	Donnerstag	Freitag	Samstag	Sonntag	Notizen über meine Erlebnisse u. Gefühlswelt	Bereiche
Gesundheit									**Biochemie** • Ernährung **Biomechanik** • Bewegung • Sportarten • Tanz • Berührung • Entspannung
Familie und soziale Beziehungen									**Ausdruck** **Kommunikation** **Verhalten** **Authentizität**
Beruf, Berufung, Finanzen									**Einnahmen / Ausgaben** • Lebensgrundlage • Freizeit und Vergnügung • Kultur • Kreativität • Überraschungen aller Art

++ sehr angenehmes Gefühl ☺☺ / + angenehmes Gefühl ☺ / 0 neutral ☺ / - unangenehmes Gefühl ☹ / -- sehr unangenehmes Gefühl ☹☹

Am Monatsende

	+	–	neutral
Deine Wochenbalance			
Woche 1			
Woche 2			
Woche 3			
Woche 4			
Woche 5			
Emotionsbilanz in diesem Monat			

Gespür   Gefühle   Gedanken

Hast Du Dein Monatsziel erreicht?   ☐ ja   ☐ nein   ☐ fast

Hast Du Dein Versprechen gehalten?   ☐ ja   ☐ nein   ☐ fast

> *Die größte Entscheidung Deines Lebens liegt darin, dass Du Dein Leben ändern kannst, indem Du Deine Geisteshaltung änderst.*
>
> Albert Schweitzer

Lebensenergiehaushalt

MÄRZ

Am Monatsanfang

Ziele des Monats:

Ich verspreche mir davon:

Vitalitäts- und Balance-Tagebuch

	Montag	Dienstag	Mittwoch	Donnerstag	Freitag	Samstag	Sonntag	Notizen über meine Erlebnisse u. Gefühlswelt	Bereiche
Gesundheit									**Biochemie** • Ernährung **Biomechanik** • Bewegung • Sportarten • Tanz • Berührung • Entspannung
Familie und soziale Beziehungen									Ausdruck Kommunikation Verhalten Authentizität
Beruf, Berufung, Finanzen									**Einnahmen / Ausgaben** • Lebensgrundlage • Freizeit und Vergnügung • Kultur • Kreativität • Überraschungen aller Art

++ sehr angenehmes Gefühl ☺☺ / + angenehmes Gefühl ☺ / 0 neutral ☺ / – unangenehmes Gefühl ☹ / – – sehr unangenehmes Gefühl ☹☹

Vitalitäts- und Balance-Tagebuch

	Montag	Dienstag	Mittwoch	Donnerstag	Freitag	Samstag	Sonntag	Notizen über meine Erlebnisse u. Gefühlswelt	Bereiche
Gesundheit									**Biochemie** • Ernährung **Biomechanik** • Bewegung • Sportarten • Tanz • Berührung • Entspannung
Familie und soziale Beziehungen									Ausdruck Kommunikation Verhalten Authentizität
Beruf, Berufung, Finanzen									**Einnahmen / Ausgaben** • Lebensgrundlage • Freizeit und Vergnügung • Kultur • Kreativität • Überraschungen aller Art

++ sehr angenehmes Gefühl 😊😊 / + angenehmes Gefühl 😊 / 0 neutral 😐 / - unangenehmes Gefühl 😟 / -- sehr unangenehmes Gefühl 😟😟

Vitalitäts- und Balance-Tagebuch

	Montag	Dienstag	Mittwoch	Donnerstag	Freitag	Samstag	Sonntag	Notizen über meine Erlebnisse u. Gefühlswelt	Bereiche
Gesundheit									**Biochemie** • Ernährung **Biomechanik** • Bewegung • Sportarten • Tanz • Berührung • Entspannung
Familie und soziale Beziehungen									**Ausdruck** **Kommunikation** **Verhalten** **Authentizität**
Beruf, Berufung, Finanzen									**Einnahmen / Ausgaben** • Lebensgrundlage • Freizeit und Vergnügung • Kultur • Kreativität • Überraschungen aller Art

++ sehr angenehmes Gefühl ☺☺ / + angenehmes Gefühl ☺ / 0 neutral ⊕ / – unangenehmes Gefühl ☹ / – – sehr unangenehmes Gefühl ☹☹

Vitalitäts- und Balance-Tagebuch

	Montag	Dienstag	Mittwoch	Donnerstag	Freitag	Samstag	Sonntag	Notizen über meine Erlebnisse u. Gefühlswelt	Bereiche
Gesundheit									**Biochemie** • Ernährung **Biomechanik** • Bewegung • Sportarten • Tanz • Berührung • Entspannung
Familie und soziale Beziehungen									**Ausdruck** **Kommunikation** **Verhalten** **Authentizität**
Beruf, Berufung, Finanzen									**Einnahmen / Ausgaben** • Lebensgrundlage • Freizeit und Vergnügung • Kultur • Kreativität • Überraschungen aller Art

++ sehr angenehmes Gefühl ☺☺ / + angenehmes Gefühl ☺ / 0 neutral ⊕ / – unangenehmes Gefühl ☹ / – – sehr unangenehmes Gefühl ☹☹

Vitalitäts- und Balance-Tagebuch

	Montag	Dienstag	Mittwoch	Donnerstag	Freitag	Samstag	Sonntag	Notizen über meine Erlebnisse u. Gefühlswelt	Bereiche
Gesundheit									**Biochemie** • Ernährung **Biomechanik** • Bewegung • Sportarten • Tanz • Berührung • Entspannung
Familie und soziale Beziehungen									**Ausdruck** **Kommunikation** **Verhalten** **Authentizität**
Beruf, Berufung, Finanzen									**Einnahmen / Ausgaben** • Lebensgrundlage • Freizeit und Vergnügung • Kultur • Kreativität • Überraschungen aller Art

++ sehr angenehmes Gefühl ☺☺ / + angenehmes Gefühl ☺ / 0 neutral ☺ / - unangenehmes Gefühl ☹ / -- sehr unangenehmes Gefühl ☹☹

Deine Wochenbalance			
	+	–	neutral
Woche 1			
Woche 2			
Woche 3			
Woche 4			
Woche 5			
Emotionsbilanz in diesem Monat			

Gespür   Gefühle   Gedanken

Hast Du Dein Monatsziel erreicht?   ☐ ja   ☐ nein   ☐ fast

Hast Du Dein Versprechen gehalten?   ☐ ja   ☐ nein   ☐ fast

> *Ich kann freilich nicht sagen, ob es besser werden wird,*
> *wenn es anders wird, aber soviel kann ich sagen:*
> *Es muss anders werden, wenn es gut werden soll.*
>
> Georg Christoph Lichtenberg

Lebensenergiehaushalt

APRIL

Am Monatsanfang

Ziele des Monats:

Ich verspreche mir davon:

Vitalitäts- und Balance-Tagebuch

	Montag	Dienstag	Mittwoch	Donnerstag	Freitag	Samstag	Sonntag	Notizen über meine Erlebnisse u. Gefühlswelt	Bereiche
Gesundheit									**Biochemie** • Ernährung **Biomechanik** • Bewegung • Sportarten • Tanz • Berührung • Entspannung
Familie und soziale Beziehungen									**Ausdruck** **Kommunikation** **Verhalten** **Authentizität**
Beruf, Berufung, Finanzen									**Einnahmen / Ausgaben** • Lebensgrundlage • Freizeit und Vergnügung • Kultur • Kreativität • Überraschungen aller Art

++ sehr angenehmes Gefühl ☺☺ / + angenehmes Gefühl ☺ / 0 neutral ⊕ / - unangenehmes Gefühl ☹ / -- sehr unangenehmes Gefühl ☹☹

Vitalitäts- und Balance-Tagebuch

	Montag	Dienstag	Mittwoch	Donnerstag	Freitag	Samstag	Sonntag	Notizen über meine Erlebnisse u. Gefühlswelt	Bereiche
Gesundheit									**Biochemie** • Ernährung **Biomechanik** • Bewegung • Sportarten • Tanz • Berührung • Entspannung
Familie und soziale Beziehungen									**Ausdruck Kommunikation Verhalten Authentizität**
Beruf, Berufung, Finanzen									**Einnahmen / Ausgaben** • Lebensgrundlage • Freizeit und Vergnügung • Kultur • Kreativität • Überraschungen aller Art

++ sehr angenehmes Gefühl ☺☺ / + angenehmes Gefühl ☺ / 0 neutral ☻ / - unangenehmes Gefühl ☹ / -- sehr unangenehmes Gefühl ☹☹

Vitalitäts- und Balance-Tagebuch

	Montag	Dienstag	Mittwoch	Donnerstag	Freitag	Samstag	Sonntag	Notizen über meine Erlebnisse u. Gefühlswelt	Bereiche
Gesundheit									**Biochemie** • Ernährung **Biomechanik** • Bewegung • Sportarten • Tanz • Berührung • Entspannung
Familie und soziale Beziehungen									**Ausdruck** **Kommunikation** **Verhalten** **Authentizität**
Beruf, Berufung, Finanzen									**Einnahmen / Ausgaben** • Lebensgrundlage • Freizeit und Vergnügung • Kultur • Kreativität • Überraschungen aller Art

++ sehr angenehmes Gefühl ☺☺ / + angenehmes Gefühl ☺ / 0 neutral ☺ / - unangenehmes Gefühl ☹ / -- sehr unangenehmes Gefühl ☹☹

Vitalitäts- und Balance-Tagebuch

	Montag	Dienstag	Mittwoch	Donnerstag	Freitag	Samstag	Sonntag	Notizen über meine Erlebnisse u. Gefühlswelt	Bereiche
Gesundheit									**Biochemie** • Ernährung **Biomechanik** • Bewegung • Sportarten • Tanz • Berührung • Entspannung
Familie und soziale Beziehungen									**Ausdruck** **Kommunikation** **Verhalten** **Authentizität**
Beruf, Berufung, Finanzen									**Einnahmen / Ausgaben** • Lebensgrundlage • Freizeit und Vergnügung • Kultur • Kreativität • Überraschungen aller Art

++ sehr angenehmes Gefühl ☺☺ / + angenehmes Gefühl ☺ / 0 neutral ☺ / - unangenehmes Gefühl ☹ / -- sehr unangenehmes Gefühl ☹☹

Vitalitäts- und Balance-Tagebuch

	Montag	Dienstag	Mittwoch	Donnerstag	Freitag	Samstag	Sonntag	Notizen über meine Erlebnisse u. Gefühlswelt	Bereiche
Gesundheit									**Biochemie** • Ernährung **Biomechanik** • Bewegung • Sportarten • Tanz • Berührung • Entspannung
Familie und soziale Beziehungen									**Ausdruck** **Kommunikation** **Verhalten** **Authentizität**
Beruf, Berufung, Finanzen									**Einnahmen / Ausgaben** • Lebensgrundlage • Freizeit und Vergnügung • Kultur • Kreativität • Überraschungen aller Art

++ sehr angenehmes Gefühl ☺☺ / + angenehmes Gefühl ☺ / 0 neutral ⊕ / - unangenehmes Gefühl ☹ / -- sehr unangenehmes Gefühl ☹☹

Am Monatsende

	+	–	neutral
Deine Wochenbalance			
Woche 1			
Woche 2			
Woche 3			
Woche 4			
Woche 5			
Emotionsbilanz in diesem Monat			

Gespür   Gefühle   Gedanken

Hast Du Dein Monatsziel erreicht?   ☐ ja   ☐ nein   ☐ fast

Hast Du Dein Versprechen gehalten?   ☐ ja   ☐ nein   ☐ fast

> *Wir können uns heute für das Leben oder gegen es entscheiden.*
> *Jeden Tag, wenn wir morgens aufstehen, liegt es in unserer*
> *Freiheit, wie wir zu unserem Leben stehen.*
>
> *Anselm Grün*

Lebensenergiehaushalt

MAI

Am Monatsanfang

Ziele des Monats:

Ich verspreche mir davon:

Vitalitäts- und Balance-Tagebuch

	Montag	Dienstag	Mittwoch	Donnerstag	Freitag	Samstag	Sonntag	Notizen über meine Erlebnisse u. Gefühlswelt	Bereiche
Gesundheit									**Biochemie** • Ernährung **Biomechanik** • Bewegung • Sportarten • Tanz • Berührung • Entspannung
Familie und soziale Beziehungen									**Ausdruck** **Kommunikation** **Verhalten** **Authentizität**
Beruf, Berufung, Finanzen									**Einnahmen / Ausgaben** • Lebensgrundlage • Freizeit und Vergnügung • Kultur • Kreativität • Überraschungen aller Art

++ sehr angenehmes Gefühl 😊😊 / + angenehmes Gefühl 😊 / 0 neutral 😐 / - unangenehmes Gefühl 😟 / -- sehr unangenehmes Gefühl 😟😟

Vitalitäts- und Balance-Tagebuch

	Montag	Dienstag	Mittwoch	Donnerstag	Freitag	Samstag	Sonntag	Notizen über meine Erlebnisse u. Gefühlswelt	Bereiche
Gesundheit									**Biochemie** • Ernährung **Biomechanik** • Bewegung • Sportarten • Tanz • Berührung • Entspannung
Familie und soziale Beziehungen									**Ausdruck** **Kommunikation** **Verhalten** **Authentizität**
Beruf, Berufung, Finanzen									**Einnahmen / Ausgaben** • Lebensgrundlage • Freizeit und Vergnügung • Kultur • Kreativität • Überraschungen aller Art

++ sehr angenehmes Gefühl ☺☺ / + angenehmes Gefühl ☺ / 0 neutral ⊕ / - unangenehmes Gefühl ☹ / -- sehr unangenehmes Gefühl ☹☹

Vitalitäts- und Balance-Tagebuch

	Montag	Dienstag	Mittwoch	Donnerstag	Freitag	Samstag	Sonntag	Notizen über meine Erlebnisse u. Gefühlswelt	Bereiche
Gesundheit									**Biochemie** • Ernährung **Biomechanik** • Bewegung • Sportarten • Tanz • Berührung • Entspannung
Familie und soziale Beziehungen									Ausdruck Kommunikation Verhalten Authentizität
Beruf, Berufung, Finanzen									**Einnahmen / Ausgaben** • Lebensgrundlage • Freizeit und Vergnügung • Kultur • Kreativität • Überraschungen aller Art

++ sehr angenehmes Gefühl ☺☺ / + angenehmes Gefühl ☺ / 0 neutral ☺ / - unangenehmes Gefühl ☹ / -- sehr unangenehmes Gefühl ☹☹

Vitalitäts- und Balance-Tagebuch

	Montag	Dienstag	Mittwoch	Donnerstag	Freitag	Samstag	Sonntag	Notizen über meine Erlebnisse u. Gefühlswelt	Bereiche
Gesundheit									**Biochemie** • Ernährung **Biomechanik** • Bewegung • Sportarten • Tanz • Berührung • Entspannung
Familie und soziale Beziehungen									Ausdruck Kommunikation Verhalten Authentizität
Beruf, Berufung, Finanzen									**Einnahmen / Ausgaben** • Lebensgrundlage • Freizeit und Vergnügung • Kultur • Kreativität • Überraschungen aller Art

++ sehr angenehmes Gefühl ☺☺ / + angenehmes Gefühl ☺ / 0 neutral ☺ / - unangenehmes Gefühl ☹ / -- sehr unangenehmes Gefühl ☹☹

Vitalitäts- und Balance-Tagebuch

	Montag	Dienstag	Mittwoch	Donnerstag	Freitag	Samstag	Sonntag	Notizen über meine Erlebnisse u. Gefühlswelt	Bereiche
Gesundheit									**Biochemie** • Ernährung **Biomechanik** • Bewegung • Sportarten • Tanz • Berührung • Entspannung
Familie und soziale Beziehungen									Ausdruck Kommunikation Verhalten Authentizität
Beruf, Berufung, Finanzen									**Einnahmen / Ausgaben** • Lebensgrundlage • Freizeit und Vergnügung • Kultur • Kreativität • Überraschungen aller Art

++ sehr angenehmes Gefühl 😊😊 / + angenehmes Gefühl 😊 / 0 neutral 😐 / - unangenehmes Gefühl 😟 / -- sehr unangenehmes Gefühl 😟😟

Am Monatsende

Deine Wochenbalance			
	+	**–**	neutral
Woche 1			
Woche 2			
Woche 3			
Woche 4			
Woche 5			
Emotionsbilanz in diesem Monat			

Gespür   Gefühle   Gedanken

Hast Du Dein Monatsziel erreicht?	☐ ja	☐ nein	☐ fast
Hast Du Dein Versprechen gehalten?	☐ ja	☐ nein	☐ fast

> *Die Kraft wächst mit dem Ziel. Erst wer ein Ziel anstrebt und*
> *auf es zugeht, wird merken, wozu er fähig ist.*
>
> *Anselm Grün*

Lebensenergiehaushalt

JUNI

Am Monatsanfang

Ziele des Monats:

Ich verspreche mir davon:

Vitalitäts- und Balance-Tagebuch

	Montag	Dienstag	Mittwoch	Donnerstag	Freitag	Samstag	Sonntag	Notizen über meine Erlebnisse u. Gefühlswelt	Bereiche
Gesundheit									**Biochemie** • Ernährung **Biomechanik** • Bewegung • Sportarten • Tanz • Berührung • Entspannung
Familie und soziale Beziehungen									**Ausdruck** **Kommunikation** **Verhalten** **Authentizität**
Beruf, Berufung, Finanzen									**Einnahmen / Ausgaben** • Lebensgrundlage • Freizeit und Vergnügung • Kultur • Kreativität • Überraschungen aller Art

++ sehr angenehmes Gefühl ☺☺ / + angenehmes Gefühl ☺ / 0 neutral ☻ / - unangenehmes Gefühl ☹ / -- sehr unangenehmes Gefühl ☹☹

Vitalitäts- und Balance-Tagebuch

	Montag	Dienstag	Mittwoch	Donnerstag	Freitag	Samstag	Sonntag	Notizen über meine Erlebnisse u. Gefühlswelt	Bereiche
Gesundheit									**Biochemie** • Ernährung **Biomechanik** • Bewegung • Sportarten • Tanz • Berührung • Entspannung
Familie und soziale Beziehungen									**Ausdruck** **Kommunikation** **Verhalten** **Authentizität**
Beruf, Berufung, Finanzen									**Einnahmen / Ausgaben** • Lebensgrundlage • Freizeit und Vergnügung • Kultur • Kreativität • Überraschungen aller Art

++ sehr angenehmes Gefühl ☺☺ / + angenehmes Gefühl ☺ / 0 neutral ☺ / - unangenehmes Gefühl ☹ / -- sehr unangenehmes Gefühl ☹☹

Vitalitäts- und Balance-Tagebuch

	Montag	Dienstag	Mittwoch	Donnerstag	Freitag	Samstag	Sonntag	Notizen über meine Erlebnisse u. Gefühlswelt	Bereiche
Gesundheit									**Biochemie** • Ernährung **Biomechanik** • Bewegung • Sportarten • Tanz • Berührung • Entspannung
Familie und soziale Beziehungen									**Ausdruck Kommunikation Verhalten Authentizität**
Beruf, Berufung, Finanzen									**Einnahmen / Ausgaben** • Lebensgrundlage • Freizeit und Vergnügung • Kultur • Kreativität • Überraschungen aller Art

++ sehr angenehmes Gefühl ☺☺ / + angenehmes Gefühl ☺ / 0 neutral ⊕ / - unangenehmes Gefühl ☹ / -- sehr unangenehmes Gefühl ☹☹

Vitalitäts- und Balance-Tagebuch

	Montag	Dienstag	Mittwoch	Donnerstag	Freitag	Samstag	Sonntag	Notizen über meine Erlebnisse u. Gefühlswelt	Bereiche
Gesundheit									**Biochemie** • Ernährung **Biomechanik** • Bewegung • Sportarten • Tanz • Berührung • Entspannung
Familie und soziale Beziehungen									**Ausdruck Kommunikation Verhalten Authentizität**
Beruf, Berufung, Finanzen									**Einnahmen / Ausgaben** • Lebensgrundlage • Freizeit und Vergnügung • Kultur • Kreativität • Überraschungen aller Art

++ sehr angenehmes Gefühl ☺☺ / + angenehmes Gefühl ☺ / 0 neutral ☺ / - unangenehmes Gefühl ☹ / -- sehr unangenehmes Gefühl ☹☹

Vitalitäts- und Balance-Tagebuch

	Montag	Dienstag	Mittwoch	Donnerstag	Freitag	Samstag	Sonntag	Notizen über meine Erlebnisse u. Gefühlswelt	Bereiche
Gesundheit									**Biochemie** • Ernährung **Biomechanik** • Bewegung • Sportarten • Tanz • Berührung • Entspannung
Familie und soziale Beziehungen									**Ausdruck** **Kommunikation** **Verhalten** **Authentizität**
Beruf, Berufung, Finanzen									**Einnahmen / Ausgaben** • Lebensgrundlage • Freizeit und Vergnügung • Kultur • Kreativität • Überraschungen aller Art

++ sehr angenehmes Gefühl ☺☺ / + angenehmes Gefühl ☺ / 0 neutral ⊕ / - unangenehmes Gefühl ☹ / -- sehr unangenehmes Gefühl ☹☹

Am Monatsende

Deine Wochenbalance			

	+	–	neutral
Woche 1			
Woche 2			
Woche 3			
Woche 4			
Woche 5			
Emotionsbilanz in diesem Monat			

Gespür

Gefühle

Gedanken

Hast Du Dein Monatsziel erreicht?	☐ ja	☐ nein	☐ fast
Hast Du Dein Versprechen gehalten?	☐ ja	☐ nein	☐ fast

> *Verwandle Deine Angst. Wer sich die Angst verbietet,*
> *der wird sie nicht los. Wer mit ihr redet, für den wird sie zu*
> *einer Quelle des Lebens.*
>
> Anselm Grün

Lebensenergiehaushalt

JULI

Am Monatsanfang

Ziele des Monats:

Ich verspreche mir davon:

Vitalitäts- und Balance-Tagebuch

	Montag	Dienstag	Mittwoch	Donnerstag	Freitag	Samstag	Sonntag	Notizen über meine Erlebnisse u. Gefühlswelt	Bereiche
Gesundheit									**Biochemie** • Ernährung **Biomechanik** • Bewegung • Sportarten • Tanz • Berührung • Entspannung
Familie und soziale Beziehungen									Ausdruck Kommunikation Verhalten Authentizität
Beruf, Berufung, Finanzen									**Einnahmen / Ausgaben** • Lebensgrundlage • Freizeit und Vergnügung • Kultur • Kreativität • Überraschungen aller Art

++ sehr angenehmes Gefühl ☺☺ / + angenehmes Gefühl ☺ / 0 neutral ☺ / - unangenehmes Gefühl ☹ / -- sehr unangenehmes Gefühl ☹☹

70

Vitalitäts- und Balance-Tagebuch

	Montag	Dienstag	Mittwoch	Donnerstag	Freitag	Samstag	Sonntag	Notizen über meine Erlebnisse u. Gefühlswelt	Bereiche
Gesundheit									**Biochemie** • Ernährung **Biomechanik** • Bewegung • Sportarten • Tanz • Berührung • Entspannung
Familie und soziale Beziehungen									**Ausdruck** **Kommunikation** **Verhalten** **Authentizität**
Beruf, Berufung, Finanzen									**Einnahmen / Ausgaben** • Lebensgrundlage • Freizeit und Vergnügung • Kultur • Kreativität • Überraschungen aller Art

++ sehr angenehmes Gefühl ☺☺ / + angenehmes Gefühl ☺ / 0 neutral ☺ / – unangenehmes Gefühl ☹ / – – sehr unangenehmes Gefühl ☹☹

Vitalitäts- und Balance-Tagebuch

	Montag	Dienstag	Mittwoch	Donnerstag	Freitag	Samstag	Sonntag	Notizen über meine Erlebnisse u. Gefühlswelt	Bereiche
Gesundheit									**Biochemie** • Ernährung **Biomechanik** • Bewegung • Sportarten • Tanz • Berührung • Entspannung
Familie und soziale Beziehungen									**Ausdruck** **Kommunikation** **Verhalten** **Authentizität**
Beruf, Berufung, Finanzen									**Einnahmen / Ausgaben** • Lebensgrundlage • Freizeit und Vergnügung • Kultur • Kreativität • Überraschungen aller Art

++ sehr angenehmes Gefühl ☺☺ / + angenehmes Gefühl ☺ / 0 neutral ⊕ / - unangenehmes Gefühl ☹ / -- sehr unangenehmes Gefühl ☹☹

Vitalitäts- und Balance-Tagebuch

	Montag	Dienstag	Mittwoch	Donnerstag	Freitag	Samstag	Sonntag	Notizen über meine Erlebnisse u. Gefühlswelt	Bereiche
Gesundheit									**Biochemie** • Ernährung **Biomechanik** • Bewegung • Sportarten • Tanz • Berührung • Entspannung
Familie und soziale Beziehungen									**Ausdruck** **Kommunikation** **Verhalten** **Authentizität**
Beruf, Berufung, Finanzen									**Einnahmen / Ausgaben** • Lebensgrundlage • Freizeit und Vergnügung • Kultur • Kreativität • Überraschungen aller Art

++ sehr angenehmes Gefühl ☺☺ / + angenehmes Gefühl ☺ / 0 neutral ⊕ / - unangenehmes Gefühl ☹ / -- sehr unangenehmes Gefühl ☹☹

73

Vitalitäts- und Balance-Tagebuch

	Montag	Dienstag	Mittwoch	Donnerstag	Freitag	Samstag	Sonntag	Notizen über meine Erlebnisse u. Gefühlswelt	Bereiche
Gesundheit									**Biochemie** • Ernährung **Biomechanik** • Bewegung • Sportarten • Tanz • Berührung • Entspannung
Familie und soziale Beziehungen									Ausdruck Kommunikation Verhalten Authentizität
Beruf, Berufung, Finanzen									**Einnahmen / Ausgaben** • Lebensgrundlage • Freizeit und Vergnügung • Kultur • Kreativität • Überraschungen aller Art

++ sehr angenehmes Gefühl ☺☺ / + angenehmes Gefühl ☺ / 0 neutral ⊕ / - unangenehmes Gefühl ☹ / – – sehr unangenehmes Gefühl ☹☹

Am Monatsende

	+	–	neutral
Deine Wochenbalance			
Woche 1			
Woche 2			
Woche 3			
Woche 4			
Woche 5			
Emotionsbilanz in diesem Monat			

Gespür

Gefühle

Gedanken

Hast Du Dein Monatsziel erreicht? ☐ ja ☐ nein ☐ fast

Hast Du Dein Versprechen gehalten? ☐ ja ☐ nein ☐ fast

Man entdeckt keine neuen Erdteile, ohne den Mut zu haben,
alte Küsten aus dem Auge zu verlieren.

> *Man entdeckt keine neuen Erdteile, ohne den Mut zu haben,*
> *alte Küsten aus dem Auge zu verlieren.*
>
> André Gide

Lebensenergiehaushalt

AUGUST

Am Monatsanfang

Ziele des Monats:

Ich verspreche mir davon:

Vitalitäts- und Balance-Tagebuch

	Montag	Dienstag	Mittwoch	Donnerstag	Freitag	Samstag	Sonntag	Notizen über meine Erlebnisse u. Gefühlswelt	Bereiche
Gesundheit									**Biochemie** • Ernährung **Biomechanik** • Bewegung • Sportarten • Tanz • Berührung • Entspannung
Familie und soziale Beziehungen									**Ausdruck** **Kommunikation** **Verhalten** **Authentizität**
Beruf, Berufung, Finanzen									**Einnahmen / Ausgaben** • Lebensgrundlage • Freizeit und Vergnügung • Kultur • Kreativität • Überraschungen aller Art

++ sehr angenehmes Gefühl ☺☺ / + angenehmes Gefühl ☺ / 0 neutral ☺ / - unangenehmes Gefühl ☹ / -- sehr unangenehmes Gefühl ☹☹

Vitalitäts- und Balance-Tagebuch

	Montag	Dienstag	Mittwoch	Donnerstag	Freitag	Samstag	Sonntag	Notizen über meine Erlebnisse u. Gefühlswelt	Bereiche
Gesundheit									**Biochemie** • Ernährung **Biomechanik** • Bewegung • Sportarten • Tanz • Berührung • Entspannung
Familie und soziale Beziehungen									**Ausdruck** **Kommunikation** **Verhalten** **Authentizität**
Beruf, Berufung, Finanzen									**Einnahmen / Ausgaben** • Lebensgrundlage • Freizeit und Vergnügung • Kultur • Kreativität • Überraschungen aller Art

++ sehr angenehmes Gefühl ☺☺ / + angenehmes Gefühl ☺ / 0 neutral ☺ / - unangenehmes Gefühl ☹ / -- sehr unangenehmes Gefühl ☹☹

Vitalitäts- und Balance-Tagebuch

	Montag	Dienstag	Mittwoch	Donnerstag	Freitag	Samstag	Sonntag	Notizen über meine Erlebnisse u. Gefühlswelt	Bereiche
Gesundheit									**Biochemie** • Ernährung **Biomechanik** • Bewegung • Sportarten • Tanz • Berührung • Entspannung
Familie und soziale Beziehungen									Ausdruck Kommunikation Verhalten Authentizität
Beruf, Berufung, Finanzen									**Einnahmen / Ausgaben** • Lebensgrundlage • Freizeit und Vergnügung • Kultur • Kreativität • Überraschungen aller Art

++ sehr angenehmes Gefühl ☺☺ / + angenehmes Gefühl ☺ / 0 neutral ☻ / – unangenehmes Gefühl ☹ / – – sehr unangenehmes Gefühl ☹☹

Vitalitäts- und Balance-Tagebuch

	Montag	Dienstag	Mittwoch	Donnerstag	Freitag	Samstag	Sonntag	Notizen über meine Erlebnisse u. Gefühlswelt	Bereiche
Gesundheit									**Biochemie** • Ernährung **Biomechanik** • Bewegung • Sportarten • Tanz • Berührung • Entspannung
Familie und soziale Beziehungen									**Ausdruck** **Kommunikation** **Verhalten** **Authentizität**
Beruf, Berufung, Finanzen									**Einnahmen / Ausgaben** • Lebensgrundlage • Freizeit und Vergnügung • Kultur • Kreativität • Überraschungen aller Art

++ sehr angenehmes Gefühl ☺☺ / + angenehmes Gefühl ☺ / 0 neutral ☺ / - unangenehmes Gefühl ☹ / - - sehr unangenehmes Gefühl ☹☹

Vitalitäts- und Balance-Tagebuch

	Montag	Dienstag	Mittwoch	Donnerstag	Freitag	Samstag	Sonntag	Notizen über meine Erlebnisse u. Gefühlswelt	Bereiche
Gesundheit									**Biochemie** • Ernährung **Biomechanik** • Bewegung • Sportarten • Tanz • Berührung • Entspannung
Familie und soziale Beziehungen									**Ausdruck** **Kommunikation** **Verhalten** **Authentizität**
Beruf, Berufung, Finanzen									**Einnahmen / Ausgaben** • Lebensgrundlage • Freizeit und Vergnügung • Kultur • Kreativität • Überraschungen aller Art

++ sehr angenehmes Gefühl ☺☺ / + angenehmes Gefühl ☺ / 0 neutral ⊕ / - unangenehmes Gefühl ☹ / -- sehr unangenehmes Gefühl ☹☹

Am Monatsende

Deine Wochenbalance			
	+	–	neutral
Woche 1			
Woche 2			
Woche 3			
Woche 4			
Woche 5			
Emotionsbilanz in diesem Monat			

Gespür   Gefühle   Gedanken

Hast Du Dein Monatsziel erreicht?	☐ ja	☐ nein	☐ fast
Hast Du Dein Versprechen gehalten?	☐ ja	☐ nein	☐ fast

> *Unser Leben ist das Produkt unserer Gedanken.*
>
> *Marcus Aurelius*
> *(römischer Kaiser und Philosoph, 2. Jh. n. Chr.)*

Lebensenergiehaushalt

SEPTEMBER

Am Monatsanfang

Ziele des Monats:

Ich verspreche mir davon:

Vitalitäts- und Balance-Tagebuch

	Montag	Dienstag	Mittwoch	Donnerstag	Freitag	Samstag	Sonntag	Notizen über meine Erlebnisse u. Gefühlswelt	Bereiche
Gesundheit									**Biochemie** • Ernährung **Biomechanik** • Bewegung • Sportarten • Tanz • Berührung • Entspannung
Familie und soziale Beziehungen									**Ausdruck** **Kommunikation** **Verhalten** **Authentizität**
Beruf, Berufung, Finanzen									**Einnahmen / Ausgaben** • Lebensgrundlage • Freizeit und Vergnügung • Kultur • Kreativität • Überraschungen aller Art

++ sehr angenehmes Gefühl ☺☺ / + angenehmes Gefühl ☺ / 0 neutral ⊕ / - unangenehmes Gefühl ☹ / -- sehr unangenehmes Gefühl ☹☹

Vitalitäts- und Balance-Tagebuch

	Montag	Dienstag	Mittwoch	Donnerstag	Freitag	Samstag	Sonntag	Notizen über meine Erlebnisse u. Gefühlswelt	Bereiche
Gesundheit									**Biochemie** • Ernährung **Biomechanik** • Bewegung • Sportarten • Tanz • Berührung • Entspannung
Familie und soziale Beziehungen									**Ausdruck** **Kommunikation** **Verhalten** **Authentizität**
Beruf, Berufung, Finanzen									**Einnahmen / Ausgaben** • Lebensgrundlage • Freizeit und Vergnügung • Kultur • Kreativität • Überraschungen aller Art

++ sehr angenehmes Gefühl ☺☺ / + angenehmes Gefühl ☺ / 0 neutral ☺ / – unangenehmes Gefühl ☹ / – – sehr unangenehmes Gefühl ☹☹

Vitalitäts- und Balance-Tagebuch

	Montag	Dienstag	Mittwoch	Donnerstag	Freitag	Samstag	Sonntag	Notizen über meine Erlebnisse u. Gefühlswelt	Bereiche
Gesundheit									**Biochemie** • Ernährung **Biomechanik** • Bewegung • Sportarten • Tanz • Berührung • Entspannung
Familie und soziale Beziehungen									Ausdruck Kommunikation Verhalten Authentizität
Beruf, Berufung, Finanzen									**Einnahmen / Ausgaben** • Lebensgrundlage • Freizeit und Vergnügung • Kultur • Kreativität • Überraschungen aller Art

++ sehr angenehmes Gefühl ☺☺ / + angenehmes Gefühl ☺ / 0 neutral ⊕ / - unangenehmes Gefühl ☹ / -- sehr unangenehmes Gefühl ☹☹

Vitalitäts- und Balance-Tagebuch

	Montag	Dienstag	Mittwoch	Donnerstag	Freitag	Samstag	Sonntag	Notizen über meine Erlebnisse u. Gefühlswelt	Bereiche
Gesundheit									**Biochemie** • Ernährung **Biomechanik** • Bewegung • Sportarten • Tanz • Berührung • Entspannung
Familie und soziale Beziehungen									**Ausdruck** **Kommunikation** **Verhalten** **Authentizität**
Beruf, Berufung, Finanzen									**Einnahmen / Ausgaben** • Lebensgrundlage • Freizeit und Vergnügung • Kultur • Kreativität • Überraschungen aller Art

++ sehr angenehmes Gefühl ☺☺ / + angenehmes Gefühl ☺ / 0 neutral ☻ / – unangenehmes Gefühl ☹ / – – sehr unangenehmes Gefühl ☹☹

Vitalitäts- und Balance-Tagebuch

	Montag	Dienstag	Mittwoch	Donnerstag	Freitag	Samstag	Sonntag	Notizen über meine Erlebnisse u. Gefühlswelt	Bereiche
Gesundheit									**Biochemie** • Ernährung **Biomechanik** • Bewegung • Sportarten • Tanz • Berührung • Entspannung
Familie und soziale Beziehungen									Ausdruck Kommunikation Verhalten Authentizität
Beruf, Berufung, Finanzen									**Einnahmen / Ausgaben** • Lebensgrundlage • Freizeit und Vergnügung • Kultur • Kreativität • Überraschungen aller Art

++ sehr angenehmes Gefühl ☺☺ / + angenehmes Gefühl ☺ / 0 neutral ☺ / - unangenehmes Gefühl ☹ / -- sehr unangenehmes Gefühl ☹☹

Am Monatsende

	+	–	neutral
Deine Wochenbalance			
Woche 1			
Woche 2			
Woche 3			
Woche 4			
Woche 5			
Emotionsbilanz in diesem Monat			

Gespür

Gefühle

Gedanken

Hast Du Dein Monatsziel erreicht?　　☐ ja　　☐ nein　　☐ fast

Hast Du Dein Versprechen gehalten?　　☐ ja　　☐ nein　　☐ fast

> *Um klar zu sehen reicht oft ein Wechsel der Blickrichtung.*
>
> Antoine de Saint-Exupéry

Lebensenergiehaushalt

OKTOBER

Am Monatsanfang

Ziele des Monats:

Ich verspreche mir davon:

Vitalitäts- und Balance-Tagebuch

	Montag	Dienstag	Mittwoch	Donnerstag	Freitag	Samstag	Sonntag	Notizen über meine Erlebnisse u. Gefühlswelt	Bereiche
Gesundheit									**Biochemie** • Ernährung **Biomechanik** • Bewegung • Sportarten • Tanz • Berührung • Entspannung
Familie und soziale Beziehungen									**Ausdruck** **Kommunikation** **Verhalten** **Authentizität**
Beruf, Berufung, Finanzen									**Einnahmen / Ausgaben** • Lebensgrundlage • Freizeit und Vergnügung • Kultur • Kreativität • Überraschungen aller Art

++ sehr angenehmes Gefühl ☺☺ / + angenehmes Gefühl ☺ / 0 neutral ☺ / - unangenehmes Gefühl ☹ / -- sehr unangenehmes Gefühl ☹☹

Vitalitäts- und Balance-Tagebuch

	Montag	Dienstag	Mittwoch	Donnerstag	Freitag	Samstag	Sonntag	Notizen über meine Erlebnisse u. Gefühlswelt	Bereiche
Gesundheit									**Biochemie** • Ernährung **Biomechanik** • Bewegung • Sportarten • Tanz • Berührung • Entspannung
Familie und soziale Beziehungen									Ausdruck Kommunikation Verhalten Authentizität
Beruf, Berufung, Finanzen									**Einnahmen / Ausgaben** • Lebensgrundlage • Freizeit und Vergnügung • Kultur • Kreativität • Überraschungen aller Art

++ sehr angenehmes Gefühl ☺☺ / + angenehmes Gefühl ☺ / 0 neutral ☺ / - unangenehmes Gefühl ☹ / -- sehr unangenehmes Gefühl ☹☹

Vitalitäts- und Balance-Tagebuch

	Montag	Dienstag	Mittwoch	Donnerstag	Freitag	Samstag	Sonntag	Notizen über meine Erlebnisse u. Gefühlswelt	Bereiche
Gesundheit									**Biochemie** • Ernährung **Biomechanik** • Bewegung • Sportarten • Tanz • Berührung • Entspannung
Familie und soziale Beziehungen									**Ausdruck** **Kommunikation** **Verhalten** **Authentizität**
Beruf, Berufung, Finanzen									**Einnahmen / Ausgaben** • Lebensgrundlage • Freizeit und Vergnügung • Kultur • Kreativität • Überraschungen aller Art

++ sehr angenehmes Gefühl ☺☺ / + angenehmes Gefühl ☺ / 0 neutral ☺ / - unangenehmes Gefühl ☺ / -- sehr unangenehmes Gefühl ☺☺

Vitalitäts- und Balance-Tagebuch

	Montag	Dienstag	Mittwoch	Donnerstag	Freitag	Samstag	Sonntag	Notizen über meine Erlebnisse u. Gefühlswelt	Bereiche
Gesundheit									**Biochemie** • Ernährung **Biomechanik** • Bewegung • Sportarten • Tanz • Berührung • Entspannung
Familie und soziale Beziehungen									**Ausdruck** **Kommunikation** **Verhalten** **Authentizität**
Beruf, Berufung, Finanzen									**Einnahmen / Ausgaben** • Lebensgrundlage • Freizeit und Vergnügung • Kultur • Kreativität • Überraschungen aller Art

++ sehr angenehmes Gefühl ☺☺ / + angenehmes Gefühl ☺ / 0 neutral ☺ / - unangenehmes Gefühl ☹ / -- sehr unangenehmes Gefühl ☹☹

Vitalitäts- und Balance-Tagebuch

	Montag	Dienstag	Mittwoch	Donnerstag	Freitag	Samstag	Sonntag	Notizen über meine Erlebnisse u. Gefühlswelt	Bereiche
Gesundheit									**Biochemie** • Ernährung **Biomechanik** • Bewegung • Sportarten • Tanz • Berührung • Entspannung
Familie und soziale Beziehungen									**Ausdruck** **Kommunikation** **Verhalten** **Authentizität**
Beruf, Berufung, Finanzen									**Einnahmen / Ausgaben** • Lebensgrundlage • Freizeit und Vergnügung • Kultur • Kreativität • Überraschungen aller Art

++ sehr angenehmes Gefühl ☺☺ / + angenehmes Gefühl ☺ / 0 neutral ☺ / – unangenehmes Gefühl ☹ / – – sehr unangenehmes Gefühl ☹☹

Am Monatsende

Deine Wochenbalance			
	+	**–**	neutral
Woche 1			
Woche 2			
Woche 3			
Woche 4			
Woche 5			
Emotionsbilanz in diesem Monat			

Gespür   Gefühle   Gedanken

Hast Du Dein Monatsziel erreicht?   ☐ ja   ☐ nein   ☐ fast

Hast Du Dein Versprechen gehalten?   ☐ ja   ☐ nein   ☐ fast

> *Niemand kann mir sagen, wer ich bin.*
>
> Chinua Achebe

Lebensenergiehaushalt

NOVEMBER

Am Monatsanfang

Ziele des Monats:

Ich verspreche mir davon:

Vitalitäts- und Balance-Tagebuch

	Montag	Dienstag	Mittwoch	Donnerstag	Freitag	Samstag	Sonntag	Notizen über meine Erlebnisse u. Gefühlswelt	Bereiche
Gesundheit									**Biochemie** • Ernährung **Biomechanik** • Bewegung • Sportarten • Tanz • Berührung • Entspannung
Familie und soziale Beziehungen									**Ausdruck** **Kommunikation** **Verhalten** **Authentizität**
Beruf, Berufung, Finanzen									**Einnahmen / Ausgaben** • Lebensgrundlage • Freizeit und Vergnügung • Kultur • Kreativität • Überraschungen aller Art

++ sehr angenehmes Gefühl ☺☺ / + angenehmes Gefühl ☺ / 0 neutral ☺ / – unangenehmes Gefühl ☹ / – – sehr unangenehmes Gefühl ☹☹

Vitalitäts- und Balance-Tagebuch

	Montag	Dienstag	Mittwoch	Donnerstag	Freitag	Samstag	Sonntag	Notizen über meine Erlebnisse u. Gefühlswelt	Bereiche
Gesundheit									**Biochemie** • Ernährung **Biomechanik** • Bewegung • Sportarten • Tanz • Berührung • Entspannung
Familie und soziale Beziehungen									**Ausdruck Kommunikation Verhalten Authentizität**
Beruf, Berufung, Finanzen									**Einnahmen / Ausgaben** • Lebensgrundlage • Freizeit und Vergnügung • Kultur • Kreativität • Überraschungen aller Art

++ sehr angenehmes Gefühl ☺☺ / + angenehmes Gefühl ☺ / 0 neutral ⊕ / - unangenehmes Gefühl ☹ / -- sehr unangenehmes Gefühl ☹☹

Vitalitäts- und Balance-Tagebuch

	Montag	Dienstag	Mittwoch	Donnerstag	Freitag	Samstag	Sonntag	Notizen über meine Erlebnisse u. Gefühlswelt	Bereiche
Gesundheit									**Biochemie** • Ernährung **Biomechanik** • Bewegung • Sportarten • Tanz • Berührung • Entspannung
Familie und soziale Beziehungen									**Ausdruck** **Kommunikation** **Verhalten** **Authentizität**
Beruf, Berufung, Finanzen									**Einnahmen / Ausgaben** • Lebensgrundlage • Freizeit und Vergnügung • Kultur • Kreativität • Überraschungen aller Art

++ sehr angenehmes Gefühl ☺☺ / + angenehmes Gefühl ☺ / 0 neutral ☺ / – unangenehmes Gefühl ☹ / – – sehr unangenehmes Gefühl ☹☹

Vitalitäts- und Balance-Tagebuch

	Montag	Dienstag	Mittwoch	Donnerstag	Freitag	Samstag	Sonntag	Notizen über meine Erlebnisse u. Gefühlswelt	Bereiche
Gesundheit									**Biochemie** • Ernährung **Biomechanik** • Bewegung • Sportarten • Tanz • Berührung • Entspannung
Familie und soziale Beziehungen									**Ausdruck** **Kommunikation** **Verhalten** **Authentizität**
Beruf, Berufung, Finanzen									**Einnahmen / Ausgaben** • Lebensgrundlage • Freizeit und Vergnügung • Kultur • Kreativität • Überraschungen aller Art

++ sehr angenehmes Gefühl ☺☺ / + angenehmes Gefühl ☺ / 0 neutral ☺ / - unangenehmes Gefühl ☹ / -- sehr unangenehmes Gefühl ☹☹

Vitalitäts- und Balance-Tagebuch

	Montag	Dienstag	Mittwoch	Donnerstag	Freitag	Samstag	Sonntag	Notizen über meine Erlebnisse u. Gefühlswelt	Bereiche
Gesundheit									**Biochemie** • Ernährung **Biomechanik** • Bewegung • Sportarten • Tanz • Berührung • Entspannung
Familie und soziale Beziehungen									**Ausdruck** **Kommunikation** **Verhalten** **Authentizität**
Beruf, Berufung, Finanzen									**Einnahmen / Ausgaben** • Lebensgrundlage • Freizeit und Vergnügung • Kultur • Kreativität • Überraschungen aller Art

++ sehr angenehmes Gefühl ☺☺ / + angenehmes Gefühl ☺ / 0 neutral ☺ / - unangenehmes Gefühl ☹ / -- sehr unangenehmes Gefühl ☹☹

Am Monatsende

	+	–	neutral
Deine Wochenbalance			
Woche 1			
Woche 2			
Woche 3			
Woche 4			
Woche 5			
Emotionsbilanz in diesem Monat			

Gespür   Gefühle   Gedanken

Hast Du Dein Monatsziel erreicht?   ☐ ja   ☐ nein   ☐ fast

Hast Du Dein Versprechen gehalten?   ☐ ja   ☐ nein   ☐ fast

> *Ich habe das Gefühl, dass ich noch immer ständig dazulerne,*
> *aus jeder einzelnen Erfahrung.*
>
> Judi Dench

Lebensenergiehaushalt

DEZEMBER

Am Monatsanfang

Ziele des Monats:

Ich verspreche mir davon:

Vitalitäts- und Balance-Tagebuch

	Montag	Dienstag	Mittwoch	Donnerstag	Freitag	Samstag	Sonntag	Notizen über meine Erlebnisse u. Gefühlswelt	Bereiche
Gesundheit									**Biochemie** • Ernährung **Biomechanik** • Bewegung • Sportarten • Tanz • Berührung • Entspannung
Familie und soziale Beziehungen									**Ausdruck** **Kommunikation** **Verhalten** **Authentizität**
Beruf, Berufung, Finanzen									**Einnahmen / Ausgaben** • Lebensgrundlage • Freizeit und Vergnügung • Kultur • Kreativität • Überraschungen aller Art

++ sehr angenehmes Gefühl ☺☺ / + angenehmes Gefühl ☺ / 0 neutral ☺ / - unangenehmes Gefühl ☺ / -- sehr unangenehmes Gefühl ☺☺

Vitalitäts- und Balance-Tagebuch

	Montag	Dienstag	Mittwoch	Donnerstag	Freitag	Samstag	Sonntag	Notizen über meine Erlebnisse u. Gefühlswelt	Bereiche
Gesundheit									**Biochemie** • Ernährung **Biomechanik** • Bewegung • Sportarten • Tanz • Berührung • Entspannung
Familie und soziale Beziehungen									**Ausdruck** **Kommunikation** **Verhalten** **Authentizität**
Beruf, Berufung, Finanzen									**Einnahmen / Ausgaben** • Lebensgrundlage • Freizeit und Vergnügung • Kultur • Kreativität • Überraschungen aller Art

++ sehr angenehmes Gefühl ☺☺ / + angenehmes Gefühl ☺ / 0 neutral ☺ / - unangenehmes Gefühl ☹ / -- sehr unangenehmes Gefühl ☹☹

Vitalitäts- und Balance-Tagebuch

	Montag	Dienstag	Mittwoch	Donnerstag	Freitag	Samstag	Sonntag	Notizen über meine Erlebnisse u. Gefühlswelt	Bereiche
Gesundheit									**Biochemie** • Ernährung **Biomechanik** • Bewegung • Sportarten • Tanz • Berührung • Entspannung
Familie und soziale Beziehungen									**Ausdruck Kommunikation Verhalten Authentizität**
Beruf, Berufung, Finanzen									**Einnahmen / Ausgaben** • Lebensgrundlage • Freizeit und Vergnügung • Kultur • Kreativität • Überraschungen aller Art

++ sehr angenehmes Gefühl ☺☺ / + angenehmes Gefühl ☺ / 0 neutral ☺ / - unangenehmes Gefühl ☹ / -- sehr unangenehmes Gefühl ☹☹

Vitalitäts- und Balance-Tagebuch

	Montag	Dienstag	Mittwoch	Donnerstag	Freitag	Samstag	Sonntag	Notizen über meine Erlebnisse u. Gefühlswelt	Bereiche
Gesundheit									**Biochemie** • Ernährung **Biomechanik** • Bewegung • Sportarten • Tanz • Berührung • Entspannung
Familie und soziale Beziehungen									**Ausdruck Kommunikation Verhalten Authentizität**
Beruf, Berufung, Finanzen									**Einnahmen / Ausgaben** • Lebensgrundlage • Freizeit und Vergnügung • Kultur • Kreativität • Überraschungen aller Art

++ sehr angenehmes Gefühl ☺☺ / + angenehmes Gefühl ☺ / 0 neutral ☺ / - unangenehmes Gefühl ☹ / -- sehr unangenehmes Gefühl ☹☹

Vitalitäts- und Balance-Tagebuch

	Montag	Dienstag	Mittwoch	Donnerstag	Freitag	Samstag	Sonntag	Notizen über meine Erlebnisse u. Gefühlswelt	Bereiche
Gesundheit									**Biochemie** • Ernährung **Biomechanik** • Bewegung • Sportarten • Tanz • Berührung • Entspannung
Familie und soziale Beziehungen									**Ausdruck** **Kommunikation** **Verhalten** **Authentizität**
Beruf, Berufung, Finanzen									**Einnahmen / Ausgaben** • Lebensgrundlage • Freizeit und Vergnügung • Kultur • Kreativität • Überraschungen aller Art

++ sehr angenehmes Gefühl ☺☺ / + angenehmes Gefühl ☺ / 0 neutral ☺ / - unangenehmes Gefühl ☹ / -- sehr unangenehmes Gefühl ☹☹

Am Monatsende

Deine Wochenbalance			
	+	**–**	neutral
Woche 1			
Woche 2			
Woche 3			
Woche 4			
Woche 5			
Emotionsbilanz in diesem Monat			

Gespür   Gefühle   Gedanken

Hast Du Dein Monatsziel erreicht?   ☐ ja   ☐ nein   ☐ fast

Hast Du Dein Versprechen gehalten?   ☐ ja   ☐ nein   ☐ fast

Merke, wichtig!

Das Leben will immer das Beste für dich, es kommt allein auf deine Gefühlswelt an.

Tue alles, was in deiner Macht ist, um freudig zu sein, trotz ...

Weil deine Gefühlswelt auch Biologie ist, empfehle ich dir:

eine gute Ernährung,

viel lebendiges Wasser zu trinken,

dich möglichst viel zu bewegen,

dankbar zu sein,

Lachen,

Tanzen,

Gartenarbeit,

Sportarten deiner Wahl,

Entspannung,

Meditation,

Massagen,

sexueller Ausdruck,

Musik,

Kunst

...

Alles, was dir persönlich guttut.

Aber all das sind nur Beispiele, wichtig ist, dass es sich für dich gut anfühlt.

Finde die Sonne in der Nacht und lebe, was du träumst, weil das Leben immer das Beste für dich will.

Nimm es an und höre einfach auf, nach dem Wie zu fragen.

Nachwort

Emilie Mawuco Valentin

Ich nehme mir an dieser Stelle die Freiheit zu fühlen, dass Sie bei der Lektüre dieses Büchleins wertvolle Erkenntnisse gewonnen haben oder noch gewinnen werden, die Ihrem Leben die Richtung geben, die Sie schon immer, von Kindheit an, in sich verspürt haben. Auf dass Sie Mut fassen, endlich das Leben zu leben, wovon Sie träumen.

Vielleicht möchten Sie noch mehr über VIBA® Metakinästhetik erfahren, dann besuchen Sie meine Vorträge oder Seminare. Info unter *www.viba-vision.de.*

Wenn Sie eine Beratung für Sie persönlich oder für Ihre Familie möchten, können Sie mich gerne direkt kontaktieren unter *info@viba-vision.de* oder +49 176 70989408. Es ist sowohl Arbeit in der Gruppe als auch Einzelberatung möglich.

> Mein aufrichtiger Dank gilt an allen meinen sichtbaren und unsichtbaren Helfern!

Zeitfracht Medien GmbH
Ferdinand-Jühlke-Straße 7
99095 Erfurt, Deutschland
produktsicherheit@kolibri360.de